Copyright © 2020 by Ngozi Theodora Otiaba

All rights reserved. No part of this publication may be reproduced, distributed, or transmitted in any form or by any means, including photocopying, recording, or other electronic or mechanical methods, without the prior written permission of the publisher, except in the case of brief quotations embodied in critical reviews and certain other noncommercial uses permitted by copyright law. For permission requests, write to the publisher at the address below:

Published by Braz Books
www.ngoziotiaba.com

Hardback ISBN: 978-1-8383285-1-1
Also available in paperback and e-book versions

Book design: The Art of Communication  www.book-design.co.uk
Images: Pixabay.com

# My First 100 ANIMALS in IGBO Language

and English

Ngozi Theodora Otiaba

This book belongs to

Onye nwere akwụkwọ a bụ

# Land animals

dog  nkịta

cat

nwamba

nwologbo

cow  ehi  efi

horse  ịnyịnya

pony

nwa ịnyịnya

pig — ezi

goat — ewu

camel —ịnyịnyaọzara

donkey — ịnyịnya ibu

ram — ebune / ebule

sheep — atụrụ

hyena

nkịta ọfịa

bush baby

ikili
ikiri

bear

okeanụ

zebra

ịnyịnya nkawa

giraffe

ọkapiogologo

elephant

enyi

# Rodents

guinea pig — okebekee

squirrel — ọsa

rabbit — ewi

grasscutter — nchi

porcupine — ebiogwu

# Sea and water animals

fish  azụ

hippopotamus

enyimmiri

turtle

mbe mmiri

crocodile

agụiyi

crab  nshikọ

| | |
|---|---|
| **periwinkle**<br>ịsam | **sea horse**<br>ịnyịnya mmiri |
| **starfish**<br>azụ kpakpando  | **sea lion**<br>ọdụm mmiri  |
| **crayfish** ịsha  | **sea cow**<br>ehi mmiri  |

# Birds

swallow bird
enekentịọba

duck  ọbọgwụ

pigeon
nduru
kpalakwukwu

sparrow
nza  egwele

parrot
icheoku

# Insects

mosquito

anwụnta

ant   arụrụ

earth worm

idide

maggot

ikpuru

weevil   ọtị

## cockroach

ọchịcha
ụchịcha

## house fly
ijiji

## bed bug

chịnchị

## scorpion
akpị

## butterfly

ụbụba

## bee

añu

| beetle — ebe  | praying mantis  osuọkpọ / okongono |
| grasshopper  ụkpana | locust  igwulube / igwurube |
| cricket  abụzụ / mbụzụ |  wasp — ebu |

| dragon fly | caterpillar |
|---|---|
| tatambeneke | caterpillar  egu |

| millipede | winged termite |
|---|---|
| esu | akụ |

| centipede | spider  ududo |
|---|---|
| ọgbakụrụ | |

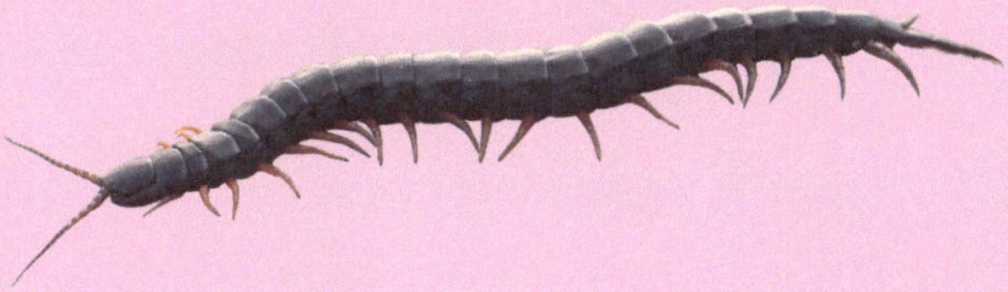

# Reptiles

snail — ejuna / eju

snake — agwọ

lizard — ngwere

python — eke

wall gecko — agụ ụlọ

mbala

frog  mbara

iguana

ngwere aghụ

toad  awọ

tortoise  mbe

chameleon

ogwumangana

dinosaur

enyingwere

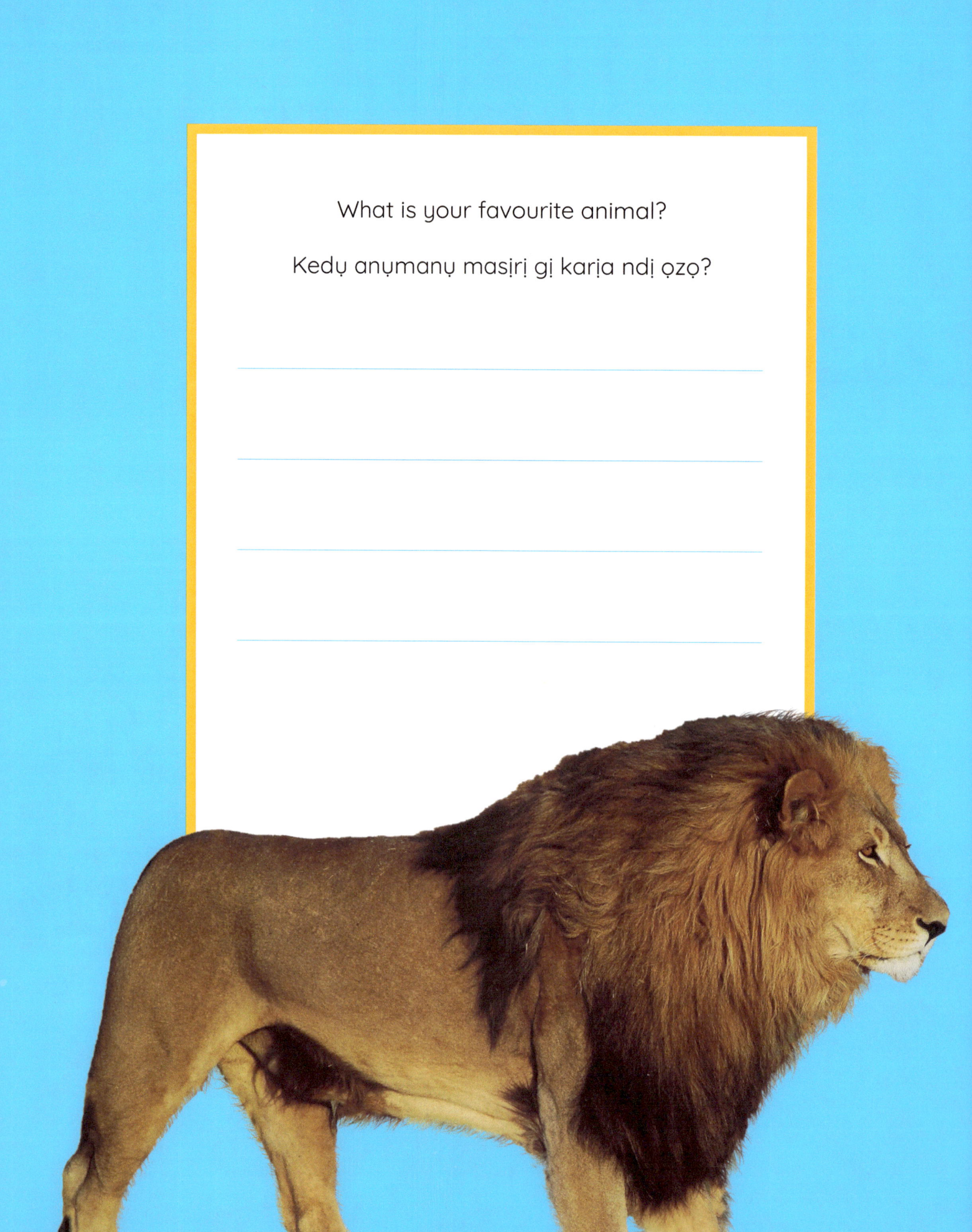

What is your favourite animal?

Kedụ anụmanụ masịrị gị karịa ndị ọzọ?

## About the Author

Legal practitioner turned writer, Ngozi is the founder of Braz Books, host of YouTube channel *"Igbo Stories with Ngozi"* and author of some of the world's best Igbo learning books for kids and adults. Ngozi is passionate about preserving and promoting the Igbo language, culture and heritage through her writing and publishing.

She is born of Nigerian and Greek ancestry and grew up in Nigeria, speaking English, Igbo and Greek languages. She believes that languages, especially those in danger of extinction, should be preserved and passed down to the next generation.

To learn more about Ngozi and to stay up to date with her latest releases, please visit her website www.ngoziotiaba.com and her YouTube channel.

 Igbo stories with Ngozi

Other books in the series

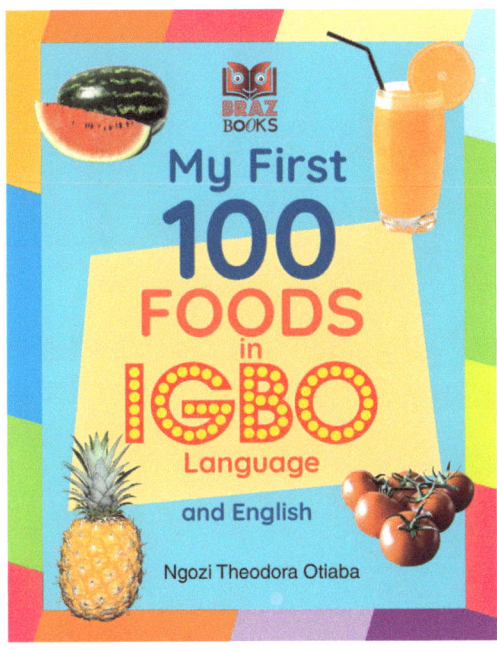
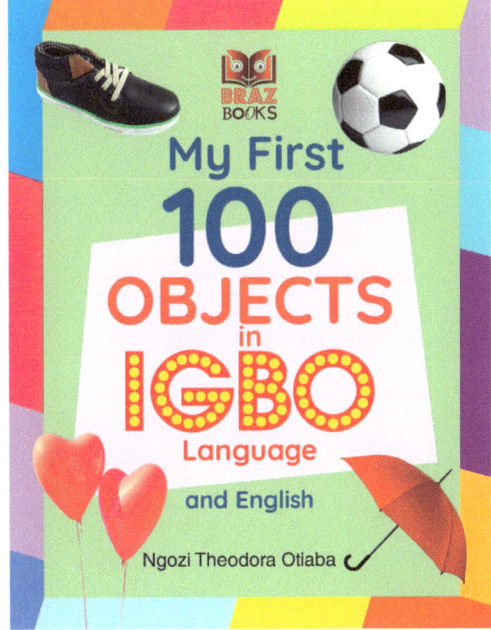

www.ingramcontent.com/pod-product-compliance
Lightning Source LLC
LaVergne TN
LVHW070613080526
838200LV00103B/352